Cuerpo de Marines de los Estados Unidos

Julie Murray

ABDO
FUERZAS ARMADAS
DE LOS ESTADOS UNIDOS
Kids

www.abdopublishing.com

Published by Abdo Kids, a division of ABDO, PO Box 398166, Minneapolis, Minnesota 55439.

Copyright © 2015 by Abdo Consulting Group, Inc. International copyrights reserved in all countries. No part of this book may be reproduced in any form without written permission from the publisher.

Printed in the United States of America, North Mankato, Minnesota.

072014

092014

Spanish Translators: Maria Reyes-Wrede, Maria Puchol

Photo Credits: Alamy, AP Images, Getty Images, iStock, Shutterstock, Thinkstock, © Keith McIntyre / Shutterstock p.1, © User:diking / CC-BY-2.0 p.11

Production Contributors: Teddy Borth, Jennie Forsberg, Grace Hansen

Design Contributors: Candice Keimig, Laura Rask, Dorothy Toth

Library of Congress Control Number: 2014938911

Cataloging-in-Publication Data

Murray, Julie.

[United States Marine Corps. Spanish]

Cuerpo de Marines de los Estados Unidos / Julie Murray.

 p. cm. -- (Fuerzas Armadas de los Estados Unidos)

ISBN 978-1-62970-390-9 (lib. bdg.)

Includes bibliographical references and index.

1. United States Marine Corps--Juvenile literature. 2. Spanish language materials—Juvenile literature. I. Title.

359.9--dc23

2014938911

Contenido

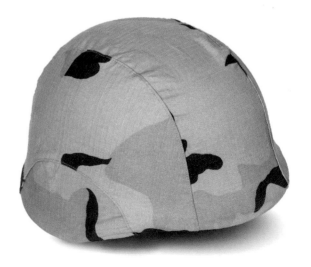

Cuerpo de Marines de los Estados Unidos

El Cuerpo de Marines es una de las ramas de las **Fuerzas Armadas** de los Estados Unidos.

4

5

Los marines se encargan de la seguridad de los Estados Unidos. Lo hacen por aire, tierra y mar.

7

Los marines ayudan en situaciones de **emergencia**. Ayudan cuando hay inundaciones e incendios forestales.

8

Los marines también

protegen la Casa Blanca.

Trabajos

Se pueden cumplir diferentes funciones en el Cuerpo de Marines. Los mecánicos arreglan cosas.

13

Los pilotos vuelan los aviones. Los cocineros preparan la comida.

Vehículos y armas

Los marines usan diferentes

tipos de **armas**. Tienen aviones

de combate. El F/A-18 Hornet

es un avión de combate.

16

17

Tienen **vehículos** que pueden ir tanto por tierra como por agua. También usan tanques de guerra. El M1 Abrams es un tanque de guerra.

"Semper fidelis"

¡El Cuerpo de los Marines se encarga diariamente de la seguridad de la gente de los Estados Unidos!

21

Más datos

- El bulldog inglés es la mascota del Cuerpo de Marines de los Estados Unidos.

- El lema del Cuerpo de Marines es "Semper Fidelis". En latín significa "siempre fiel".

- Bugs Bunny se convirtió en sargento honorario del Cuerpo de Marines en 1943, después de ser protagonista en el cortometraje Súper-Conejo, en el que era un marine.

Glosario

arma - cualquier objeto que se usa para defenderse durante una batalla.

emergencia – evento repentino que requiere asistencia o rescate.

fuerzas armadas – fuerza militar (tierra), naval (mar) y aérea (aire). Protegen y sirven a la nación.

vehículo – cualquier medio de transporte. Un carro es un vehículo, hasta un trineo se considera un vehículo.

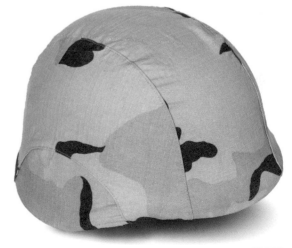

23

Índice

abdokids.com

¡Usa este código para entrar a abdokids.com y tener acceso a juegos, arte, videos y mucho más!

Código Abdo Kids:
UUK0960